구름의 고향

박동원 시집

교음사

박동원

_ 아호 : 香谷
_ 경남 진해 출생
_ 『심상』 신인상 당선
_ 혜산 박두진 공모전 당선
_ 한국문인협회 회원
_ 통영문인협회 회원
_ 토지문학제 백일장 대상 수상(2006)
_ 시림문학회 회원
_ 동원문학 회원
_ 통영문인협회 회장(2011~2012)
_ 남도시단 회원
_ 시림문학회 회장(2017)

自序

시詩가 나를 보듬는 시묘살이로 선산 어머니 꼬부라진 잔등을 어루만지며 쭈룩쭈룩 타향의 설움 구슬피 웁니다.

우거에 쌓여만 가는 책들과 그림들,
하나씩 세월에 외로이 버려지는 고아들,
아뿔싸! 내일을 기약할 수 없는 지금에 더 늦어 사그라지기 전에 주인을 찾아 주어야 한다는 중압감에 부끄러움을 무릅쓰고 작은 이름표를 가슴에 달아 코흘리개 손수건도 그 밑에 달아 세상 밖으로 가만히 내보냅니다.

40여 년 가까이 곁에서 글벗이 되어 준 Y여사, 아직도 청빈한 지아비를 자유롭게 보필 해 주는 집사람, 이 글을 읽어 주시는 가슴이 따뜻한 모든 사람에게 미안하고 고마울 뿐입니다.

취묵선헌에서　香谷 박동원

| 구름의 고향 |

· 박동원 시집
· 차례

1. 어느 오후에

16 … 도자기
17 … 사과
18 … 나도 모르네
19 … 마지막 달력
20 … 국화주
21 … 행복 비빔밥
22 … 청동거울
24 … 구름의 고향
25 … 어느 오후에
26 … 매화꽃
28 … 할미꽃
30 … 황혼녘
32 … 애벌레의 꿈
33 … 장례식장
34 … 웃는 사나이
36 … 연리지連理枝
38 … 오래된 이발소
40 … 콩나물국

2. 차 한 잔 어때

42 ⋯ 수국화
43 ⋯ 백로와 까마귀
44 ⋯ 선풍기
45 ⋯ 내일을 위하여
46 ⋯ 산사에서
47 ⋯ 두루미
48 ⋯ 산다는 것은
50 ⋯ 열쇠
52 ⋯ 누드모델에게
53 ⋯ 풍경風磬
54 ⋯ 신안 유물
55 ⋯ 차 한 잔 어때
56 ⋯ 오늘의 운세
58 ⋯ 막다른 골목
60 ⋯ 철부지 바람
62 ⋯ 미륵산에서
64 ⋯ 매미
65 ⋯ 집 없는 사람들
66 ⋯ 최루탄

3. 통영서정

68 … 통영서정
69 … 장마
70 … 매화
71 … 지리산에
72 … 사랑
74 … 비에 젖은 편지
75 … 낙엽이 지다
76 … 첫사랑을 그리다
78 … 채석장 산행
80 … 자동반주기
82 … 다솔사多率寺 가는 길
84 … 사랑
85 … 일회용 카메라
86 … 흘러간 LP판
88 … 화개에 가면 벚꽃이 보이지 않는다
90 … 남도南道수첩
92 … 그 방房에 들면
94 … 물의 내력

4. 절벽에서 웃다

98 ··· 자화상
99 ··· 소나기
100 ··· 설엽 서우승
101 ··· 선술집에서
102 ··· 거미
103 ··· 책을 버렸다
104 ··· 책의 기원
106 ··· 보금자리
108 ··· 비계공 최씨의 일당
110 ··· 고물 자전거
112 ··· 절벽에서 웃다
114 ··· 휘파람
116 ··· 동대천
117 ··· 물의 음악
118 ··· 장사도에서
120 ··· 하늘
121 ··· 진주조개
122 ··· 박꽃
123 ··· 통영에 살면서
124 ··· 통영 장날

126 ··· | 서평 | 이승하 (시인, 중앙대 교수)

1

어느 오후에

_ 도자기
_ 사과
_ 나도 모르네
_ 마지막 달력
_ 국화주
_ 행복 비빔밥
_ 청동거울
_ 구름의 고향
_ 어느 오후에
_ 매화꽃
_ 할미꽃
_ 황혼녘
_ 애벌레의 꿈
_ 장례식장
_ 웃는 사나이
_ 연리지連理枝
_ 오래된 이발소
_ 콩나물국

도자기

그날을 예감한다

노을이 불가마 속에서

토신제를 지내고
청 노랑 붉은색 검은색 흰색으로
혼신의 작품을 만드네

아름다운 사후를
준비하네

사과

열아홉 설익은 너의 모습
갓 시집온 아내가 부끄러움에
이슬땀을 흘리고 있구나

냉장고에서 금방 나온
그대는
25도의 방 안이 무덥다고
이슬 맺힌 눈물방울을
한나절 흘리고 앉았을까

하늘빛 색깔을 그리워하던
그대는 오뉴월 뙤약볕 아래
빨갛게 익어가던
"과수원 풍경이 그립다" 했지

이순에 사과를 꺼내놓고
사과처럼 사과를 한다

나도 모르네

나이 들면서 제일 먼저
신호를 보내는 곳은 치아다
젊었을 적에는
아이스케이크 열세 개를 한꺼번에 먹어도
끄떡없던 치아가
지금은 얼음과자 하나
베어 물기도 힘들다
가야금은 안족이 강할수록
현이 부드럽다 했지
나이 들수록
어릴 적의 좁쌀만 한 일까지도 더듬어내던
그 예리했던 기억력도 무뎌지고
제각이던 발음도 어줍어지다가
끝내 목젖에 걸리고 마는 노화의 음성
타고났던 저음이 고음으로 바뀌게 된 때가
언제부터인지
나도 모르네

마지막 달력

남은 한 장의 한 해
낮은 포복으로 기어가고
세 밑 종종걸음 치는 사람들
외투 깃 잔뜩 세우고 귀갓길 재촉한다

산복도로 곁 낡은 아파트 창을 통해 바라본다
멀리 어선에서 던지는 집어등 쓸쓸한 여백을 끌고
먹으로 뭉개어
마음 한 장 맑은 화선지에 번지다

부고처럼 낙엽 한 장 나뒹굴고
여생이 숨 가쁜가
먼 친구의 안부를 묻다 말고
물끄러미 마른 숲길에 굳이 마음을 낸다

매화가 꽃망울 틔울 무렵
반가운 소식이 날아들지도 몰라

국화주
- 들국화 꽃향기 서우승

그대가 보고 싶다
햇빛 좋은 날 정성으로 담근
들국화주, 무척이나 좋아하던

시 한 수 낭창이 외우고
즐거워하던 그 양반 어디 갔을까?

까뮤, 나폴레옹보다 더 명주라던

그 술
달게 삭아
골목골목 추억의 향기 진동하는데

서산 너머 불콰하게
어디메쯤 서성이고 있을까?

행복 비빔밥

우리 집 행복은 아침식사 때부터입니다
집사람이 큰 대야에다가 흰 햅쌀밥과 고추장, 콩나물, 도라지, 시금치, 참기름, 탕수국을 넣고 아들 며느리와 참기름 사랑의 정성을 듬뿍 담고 나와 우리 집사람의 기쁨을 듬뿍 담고 큰 대야에 행복을 쓱쓱 비비어 한 그릇씩 먹고 비벼진 일상 대화를 고명으로 얹어 일미를 먹습니다

보릿고개에서 넘어지신 아버지! 어머니!
선산에서 꽃 비빔밥 굶지 말고 드세요

청동거울

먼지처럼
천년의 두께로 산화한 시간이
청동거울 속에서
잃어버린 왕조를 기억해낸다

깃털 장식의 머리
고구려인의 기상이 절풍折風 쓰고
백골은 박물관에서 깊은 잠을 깨다

세월은 잠과 같은 것
혹은 빛, 그리고 사라지는 것들

거울 속에서
잃어버린 얼굴을 꺼내보지만
흐릿한 기억이 익명으로 전하는
역사의 암호 같은 것

숨 가쁜 생애의 말미에
지나간 시간을 추신追信한다

아무도 모르게 비춰보는

내가 바라보는 은밀한 내 안
한생 켜켜이 쌓여
푸른 녹처럼 잠자고 있는 아버지

푸른 녹에 비친 부끄러운 짐승
천 년 뒤일까
두꺼운 지층을 뚫고
만년설 허옇게 머리에 인 고봉처럼
칼날의 기상으로
화랑은 잠 깨고 있을까

구름의 고향

목화 구름이 피어오른다
문익점의 붓 대롱 속에서

소매 속의 인정을 담아
씨탐 없이 씨앗을 나누고
하늘 쳐다보고 사는 사람들

문익점의 고향은
사월리 106-1번지

마음에 붓 대롱 하나씩은
지니고 산다

어느 오후에

매달리는 가을이 있었다

완행버스를 타고 고향 가는 길
나무 우듬지에 가을이 익어가는
창밖을 내다보니 첫사랑
여인의 립스틱처럼
한참 가을이 설레이고 있었다
겸제의 묵향 같은 산수가
내 앞에 다가온다
기와집이 있는 아담한
내 풋 시절이 있고
논두렁 밭두렁엔 호박이
뒹굴어 있는 풍경화도 있다
한참 그 속으로
빨려 들어가고 있는데

내 마음속에 묻어 둔 추억이

매화꽃

나,
매실이 익으려면
더 찬 바람을 맞아야 한다
아직 매실 맛을 보려거든
더 매서운 바람을 견뎌야 한다

낯선 잠속
문득 찾아온 손님
푸른 바람의 낌새
빛바랜 얇은 마음의 문풍지
흔들던 그, 때를 맞추어

꽃봉오리 아프게 살을 뚫고
사랑니처럼 돋아나

둥지 지나니

참으로 낮은 줄풍류 가락
한참 익어 가거들랑

기별하시게나

한숨 자고 난 개운한 잠 끝
한 줄기 매화와 마주하여
다실에 오롯이 앉았으니

선정禪定에 든 지금
그대, 매실이 익었는가?

할미꽃

호젓하여라 빈 무덤가

외로운 두메 너머 푸르른 바다
둥둥 떠 있는 욕지도

아무도 모르게 섬 오른 날
빈 가슴 채울 요량 영 없어

닿을 길 없는 저 수평선
가라앉은 마음의 오솔길 따라

어느 햇살 좋은 봄날
네게 부쳐온 그림엽서

어느 날 문득 풀포기 틈 비집고
살짝 고갤 내밀어 날 불러 세웠던

눈물보다 영롱한
당장 가슴에 묻어도
좋은 만큼 빛나던 그 시절

나 한때 너처럼 그러했지
봄날에 기죽어 웅크린 너에게서
비로소 작은 깨달음 얻었어라

황혼녘

하루에도 몇 번 고장 난 시계를 본다
거리에 펴놓고 팔던 천 원짜리 싸구려 중국시계
저장된 시간도 다 꺼내 먹고
편하게 쉬고 있는 그를 바라보며
하나씩 고장 나기 시작하는
나의 몸을 생각한다

태엽이 끊겨 갈아 끼운 게 한번
한 달에 한 번씩 건전지를 갈 듯
병원에서 충전시켜야 돌아가는 낡은 내 몸
숫자판도 칠이 벗겨져 기미가 슬고
도금은 낡아 성한 데가 없으니

그 날카로운 바늘로 집어내던
어김없던 기억도 헐렁해지고
명쾌하게 째깍이던 발음도
그렁그렁 목젖에 걸리는 고물시계로 남은 나날들

그 어느 날
몇 시 몇 분에
나도 저처럼 멈출 것인가

애벌레의 꿈

도무지 믿을 수 없구나
그 엄청난 세월 동안 연통 속
시꺼먼 연기 마시며 애벌레가 살아 있다니

목구멍 귓구멍 콧구멍 폐포 구석구석
자욱한 검댕
숨 막히는 굴뚝에서
목숨을 부지할 수 있었다니

일순,
솟아나는 회색 날개
팽팽한 긴장으로 부르르 떨리더니
마침내 전원이 켜지고
부르릉 부르릉 소리를 낸다

생애 단 한 소절 절창을 쏟아내기 위해
날개가 닳도록 비벼대도 한 사흘 살다 간

매미가 된 그녀가, 이순의 굴뚝에서
첫사랑이 마지막으로 울고 있다

장례식장

흰 나비 한 마리 이사를 하고 있었다
이 꽃에서 저 꽃으로
빚도 갚지도 못하고 모든 귀중품들
눈물도 사랑도 증오도 다 두고
훌훌 떠나고 있었다

나는 그대를 정중하게 씻겼다

빈손으로 돌아갔다
아까운 많은 지혜와 고기를 낚는 기술과
많은 경험을 다 남겨 주지 못하고
재물만 남기고 오늘도 내일도
그냥 그냥
……,
떠나고 있다

웃는 사나이

때가 되자 더 많은 문상객이
내미는 봉투의 부피와 맞절을 한다

요즘은 친구들이 지인들이 안 보인다
장례식장에 자주 오게 되는
내 낡은 구두 뒤축이 아프다

누구 신이건 새것을 신고 달아나고 싶다
살던 생을 깨끗이 청소하고 저승으로 가야 될 텐데
새 신을 신고 부유한 아들로 저승에 가고 싶다

남겨야 할 집도 작품도 없다
빚만 가득한 내 월세방으로
쫓기듯 야윈 몸을 아직은 이승에 눕힌다

생전에 여유 있게 못 산 평생,
갈 때라도 웃으며 가야지
그래 저래 자주 가는 장례식장에서
자연스럽게 표정을 연습한다

영정사진을 보며 살며시 웃어본다

연리지 連理枝

약속을 걸었습니다.
이별의 한을 풀고 가려면
벼랑에서 사생결단 남은 시간을 풀고 있는
장사도에 가 보라고

그 인연 어디서 왔기에
한 몸이 되었을까요
태풍 후 상처로 기대어
동백나무 살아가는 이유가 어머니라 하렵니다
후박나무 체온으로 아들이 살아간다 하렵니다
효심과 모정이 한 뿌리로 살아가는 이 행복
처절하게 아름답다 하렵니다

억겁 세월도 떼어놓을 수 없는 당신과 나는
한 뿌리를 한 상체가 보듬어 올려 벼랑을 버티는
상생의 연리지입니다

내 눈물샘의 발원을 그대에게 주어버린 후
당신에게서 피를 받고
나 또한 당신께 피를 나누어
어느 한 몸 죽더라도
그 평안 함께 사는 영생을 보러 가자고

오래된 이발소

태평동 동네이발소 김 씨는
마치 필름이 한 꺼풀씩 벗겨지듯
점점 대머리가 되어가지요
세상일에 조리개 초점을 맞춰
셀프 카메라 사진을 자주 찍어보지만
영 제 헤어스타일은 아닌 게지요
오래된 이발소 그림 속에는
물레방아 도는 내력이 있고
두메산골에는 집 떠나올 때
홀어머니가 물가에서 빨래를 하셨지요
누렇게 바랜 흑백사진을 버리듯
과거로부터 도망쳐왔지만
아직도 살림은 여기쯤 머물러 있고
돌아가신 어머니 사진만 하르르 돌아가지요

그리워 가슴 쓰린 빛바랜 이발소 벽
묵은 사진 액자 속 흘러간 군 때만
고스란히 아직도 진행 중인
대머리는 이미 중천을 넘어
허연 달그림자 가득 안고 둥그러니
오늘도 어김없이 떠오르고 있지요

콩나물국

냄비 속에 끓고 있다
사철가 흥부가
돈타령이 끓고 있다

구수한 목청에
입맛 땡기는

추임새 장단이
구절지다

2

차 한 잔 어때

_ 수국화
_ 백로와 까마귀
_ 선풍기
_ 내일을 위하여
_ 산사에서
_ 두루미
_ 산다는 것은
_ 열쇠
_ 누드모델에게
_ 풍경風聲
_ 신안 유물
_ 차 한 잔 어때
_ 오늘의 운세
_ 막다른 골목
_ 철부지 바람
_ 미륵산에서
_ 매미
_ 집 없는 사람들
_ 최루탄

수국화

꽃상여
아름답게 피는
수국화

송별하는 마음에
이슬을 머금고

슬픈 마음
기쁜 마음

꽃망울 속에
머금고

이별의 아쉬움
달래며

하늘을 쳐다보고
살아간다

백로와 까마귀

백로 한 마리
갈대밭 물갈퀴에
날개가 걸려 있다
산산 찢어진 날개 ~ 찍

찍혀 있다 화폭에 잘못 찍힌 검은 점
턱, 턱

옥골선풍에 백설 두루미 흙 묻을라
몸 사리는 누구처럼
늙은 까마귀 그 주검 앞에 호시탐탐 앉아 있다

아무렴 저 화폭에 덧칠할 시인은 없고
아무렴 저 화선 갈대밭 주인에게 항의할 목숨 없어도

시도 써야 할 시인이 써야한다
산수도 그려본 화가가 그려야한다

늙은 까마귀 한 마리
선비 한 사람 다 먹고는
배가 터져죽는다

선풍기

항시 들고만 있더라
안방의 나이트클럽에서

무더운 여름철
생의 열기를 식히기 위해
소리 없이 고독의 쳇바퀴를 안고 도는
독수공방에 한 많은 여인의 치맛자락

탱고의 바람일까
블루스의 바람일까

나는 바람을 내는 남자

내일을 위하여

베아트리체의 눈동자 속에 어린
보랏빛 새벽을 맞기 위해
칠흑 속에 잠자는 나를 깨워야 한다
밤하늘 바다에 뿌려놓은 진주를
텅 빈 내 가슴 양식장에 옮겨 놓아야 한다
아무리 헤아려도
깨우치지 못하는 경전을 읽고 외워서
큰 바위 얼굴
호수에 비친 내 시상詩想 영롱해질 때까지

산사에서

내리 닷새를 퍼붓고도
싸락눈 뿌리는 길
사박사박 눈 밟으며
앞선 사람 발자국 되짚어가는
어둑어둑해질 무렵
대웅보전 대들보 단청
잿빛 노을에 물비늘 뜨다 말고
살얼음 즈려 앉은
독경소리 듣고 있나
판화에 찍힌 목어 한 마리
풍경 위 잔설 후드득 털다 말고
저토록 깊은 여백
산천을 흔들어 놓고 지축을 흔드는가

두루미

정수리에 홍일점 찍고
목깃에 검은 띠 두르니
채비는 그럴듯하구나
그대 정작 신선다운 모습인데

백조의 순결에는 미치지 못하고
까마귀 검은 속은 덜 타는구나
세상 이치도 이와 같을 터
그렁저렁 두루미만큼만 살다 가리라

산다는 것은

1
산다는 것은
먹기 위해 산다
이조 오백년 역사에
제일 불쌍한 사도세자는
뒤주 속에서
8일 동안 먹지 못해서
죽었다

2
산다는 것은
사랑을 주고받기 위해 산다
칼 막스도 울고 갈
수수授受법을 하기 위해 산다

3
산다는 것은
청운의 뜻을 이루기 위해
성공하기 위해 살아간다

이 삼박자가 맞으면
칸트의 행복론 보다
더 행복하지 않을까?

열쇠

사람은 누구나 보물을 가지고 싶어 하지
사람을 살리고 죽이기도 하는
보물창고에는 열쇠가 없지

늘그막에 깨달은 한 소식
이 세상 보물은 바로 내 마음이지

바로 지금, 여기
내 마음자리가 바로 궁전이지
무진장한 보물이 쌓여있는

사람은 누구나 보물 때문에 괴로워하지
사람을 미치게 만들기도 하지

마음의 열쇠만 잘 간수하면
어느 놈도 내 마음 훔치지 못해

그런데 그 열쇠마저 잃어버리면?

늘그막에 철든 한 소식
이 세상에 간직할 건 아무것도 없지

그 열쇠마저 버리고 나면
얼마나 홀가분할지

누드모델에게

아담과 이브의 세상이 그립다

발가벗고 옷을 벗지 않은 사람을 바라본다
발가벗지 않은 사람이 모델이 된다

모델이 된 그 사람을 발가벗겨 바라보는 발가벗은 자
모델은 외려 부끄러워할 줄 모른다
발가벗지 않은 정신이 발가벗은 몸을 꾸짖는
세상은 모두 미쳤다

벗지 않은 정신 홀랑 벗은 몸을 사랑할 수 있을 때
모두 벗고 사는 세상 참 즐거워 미치겠다
몸은 즐거운 것 몸은 기쁜 것 몸은 미치는 것

아담과 이브의 세상에서 살고 싶다

풍경風磬

산이 웁니다

댕그랑 울 때마다 해조음이 울립니다
목탁 소리에 섞인 독경도
흔들리는 지느러미에 얹어
파도를 탑니다

입산 후 첫 삭발한 스님이
치어다보고는
화두로 삼습니다

"여긴 왜 왔노?"

신안 유물
- 분청도자기파편

깊은 바닷속으로 다이빙하는 심청이 사연

성난 파도에 빼앗긴 심 봉사의 분통한 마음

가슴팍 가을 하늘을 다 채우는 열망

잠수부의 품에 랑데부하고 퍼런 하늘을

담고 싶어라

차 한 잔 어때

참 심심한 날이면 그대
이리 와 차나 한 잔 하시게
부석사 무량수전 배흘림기둥처럼
풋풋한 품새대로 있는 그대로
저마다 제자리에 주춧돌 박아놓고
그렁저렁 사는 거지 뭐
질펀하게 자리 잡아 새끼들이나 키우면서
이웃끼리 무릎 맞대고
오순도순 사는 거지 뭐
여보게,
차나 한 잔 하러 오시게나
사람 사는 게 그저 차 맛 같잖은가

오늘의 운세

쓰린 속 달래느라 복국집 가서
탁자 위 구겨진 신문 펼쳐보니 오늘의 운세 난 있어
심심풀이로 띠 맞추어 살펴보니
"오늘은 여자 조심하라"
이 나이에 무슨 여자 조심하라는지

김이 모락거리는 복국 한 숟가락 입안으로 떠 넣으니
목구멍 타고 흘러내리는 그 맛 일품일세
복국이야 통영에서 이 집하면 알 만한 집
아지매한테 매일 던지던 시답잖은 농담도
오늘은 그만두고 반주 한 잔 걸치는데
가게 문 밀치고 들어서는 인기척에
고개 돌려보는 순간
명다방 P양 문을 밀치고 들어오며
알 듯 모를 듯 입가에 야릇한 웃음 흘린다

하, 그거 고약하다. 오늘은 일절 대꾸하지 말자하고
굳게 작심하고 있는데 여자는 헤프게 손 흔들어댔지
뱃사람 하나둘 수인사 건네며 눈짓으로 입가 웃음 흘

리는 걸 모른 척
아예 못 본 척 시치미 떼고 혼자 시부렁거리는 말
하필 운세를 볼 게 뭐야
하루에 일용할 농담 바람결에 날아가니
어찌 되었건 오늘은 여자 조심하렷다

암 그래야지, 그렇고말고
다시 한 번 다짐하는데
그때 누군가 날 보고 있다는 서늘한 뒤통수
그 느낌 따라 고갤 돌려보니
P양 창 밖에 그대로 서 있어
유리창 거울삼아 제 얼굴이라도 보는 걸까?
그때 뛰어드는 한 마디

"아저씨, 콧등에 초장 묻었어예"

막다른 골목

원근법
그림 한 장

아래에서 위로
가까이서 멀리 갈수록
더 좁아지다가
마침내 두 선이 하나의 점 되어
만나는 끝

막다른 골목에 혼자 서 있어보라

다시는 더 갈 수 없다
더 그릴 도화지가 없다

처음, 끝에 이르기 위하여
좁은 골목길을 죽도록 뛰어갔다
더 멀리 가기 위하여
더 높이 오르기 위하여
점차 좁아지는 줄 모르고

스스로 짐이 되는 줄 모르고

높은 담장이 가로막힌
그 피하고 싶은 끝

철부지 바람

고향집
감자꽃 하얗게 서린 눈물이 나네

심심찮게 아침이면 체 둘러쓰고 간 순이네 집
키득거리던 순이를 가리고 섰던
키 작은 돌배나무가 낯설지 않아 좋구나
훌쩍 자란 그늘 참 넉넉하구나

관절 닳은 고방문도
삐거덕 인사하는데
반쯤 허물어진 담장을 슬쩍 넘은
생각의 한 가지
그네를 타네

그네가 동네 공중을 오를 만큼 오르니
어린 시절 공짜로 누비던
고샅길도 샅샅이 보이고
닭서리하던 구장집도 여전하구나

그때 순이를 밀어주던
그 그네 이젠 다 삭았겠지

돌배나무 아래 한 왕국을 세우던
그 보랏빛 마음
가지 끝에 흘러가
옛 생각 피워 올리며 머리칼 찰랑이네
거기 죽어도 영 철들지 않을
나의 철부지 바람이 보이네

미륵산에서

푸른 목도리를 칭칭 감은
그녀의 귓불 빨다보니
어느새 수척한 노을이 몸 뒤척이며
내 곁에 드러누워 있었다

비수보다 예리하게 소름 돋았던
접시꽃보다 종종 벌겋게 달아올랐던
젊어서는
한때 온통 바람이었던

청청한 시간 다 흘러가고

이제 돌아와 시린 옆구릴 누이니
폐지처럼 나뒹구는 신열한 마장

낡은 어선 한 척
먼 수평선 너머
아득하다

뱃길로 남은 눈길 주다말고
고즈넉한 물 때 맞추어
마음속으로 뛰어드는 뱃고동 소리

저문 바다 위
허연 배때기 깔고
누구? 둥둥 떠다니고 있나

매미

족보를 외우다

모태에서
궁상각치우

화려한 여인의
그물망 모시 패션을 하고
오선지의 나뭇잎에
새소리 바람소리를 새기고

생애 단 한 소절
인생은 비워야 완성이라
이별이 코앞에 오도록

먹는 시간도 아낀 채
목숨을 풀어 노래를 읊는

단 며칠 사랑하다 떠난 너
나 첫사랑의 생애

집 없는 사람들

수변산책로 거닌다. 누가 어깨를 툭, 툭, 친다. 나비이다. 풀잎 속 풀무치다 막 나비가 된 그의 날개가 젖어 있다. 무겁다. 가랑비 탓이다. 풀물 든 시야로 사람을 본다. 세상의 흑자는 나비보다 더 가볍게 사는 척추뼈가 있다. 풀이 낯을 베는 그 향기로 스스로 날개로 무거운 구름의 공중을 떠받드는 몸 보시가 있다.

중앙시장 걷는다. 홀 아들이 추위에 머리통을 딩딩 친다. 새소리다. 아들의 집이 어디에 있는지, 나인지 추적하거나 묻는 사람은 없다. 새장 속, 새들은 울지 않는다. 세월 탓일까? 아니 지구 온난화 탓이다 새장을 탈출하듯 세상을 떠나고 싶다던 추위, 시집도 못 내는 나의 시詩에는 가출보다 더 멀리 떠나고 싶은 발자국이 있다. 절필하듯 철새가 떠나고 있다. 청춘을 제창하고 싶은 사람 아닌 미련이 있다. 마지막 시의 종소리 울리고 새가 죽듯 내 주인인 집이 나를 비우고 싶은 나이, 겨울들이 옷깃을 울리며 종 종 종 어디론가 가고 있다.

최루탄

여론은 그때 최루탄 가스에 중독되어 있었다

베토벤의 5번 교향곡보다도 더 매운 최루탄 가스를 마시고 자동차 매연 같은 애국심이 내 심장부를 한 바퀴 돌고 있었고 나는 숨찬 기관차의 후두처럼 민주 독감을 앓고 있었다

윤이상의 '광주는 영원히'보다 더 매운 통곡이다
소리꾼 임진택의 '오월의 광주'보다 더 매운 가락이다

군사 독재자들의 마지막 비탄의 통곡인 너

눈물이 마른시대에 사는 너

3

통영서정

_ 통영서정
_ 장마
_ 매화
_ 지리산에
_ 사랑
_ 비에 젖은 편지
_ 낙엽이 지다
_ 첫사랑을 그리다
_ 채석장 산행
_ 자동반주기
_ 다솔사多率寺 가는 길
_ 사랑
_ 일회용 카메라
_ 흘러간 LP판
_ 화개에 가면 벚꽃이 보이지 않는다
_ 남도南道수첩
_ 그 방房에 들면
_ 물의 내력

통영서정

남빛만 골라 까먹는 괴물이 산다지
먹어도 질리지 않는 미더덕 같은
놓인 자리 순응하는 굴 껍데기 같은
예향 사람들 호국의 얼이 깃들어
저 물결, 쪽빛 잡아먹는 괴물과 살아간다지

하늬바람이 열병식을 하다가
심심하면 거북선이 매어져 졸고 있듯
점. 점. 점으로 떠있는 다도해 어슬렁거리다
산비탈 따라 해안선 구불구불
띠처럼 인가를 이루어 정겹게 살아가는
관광객과 어깨동무하여 한식경 노닐다
영판 살가운 정으로 넘치는 사람이여

우리 모두 한 피붙이
초록은 동색으로 아우르는

파도,
넘실대는 통영의 괴물이여

장마

그래 마르다 못해 그냥 바스라지지
우리 서로 수직으로 뛰어내려 죽지만
더러 면도날같이 홀로 만든 감옥에서
못 견딜 건 없다고 악악거리며 참 잘도 견딘다
이제 깃발을 내리자
책갈피에 끼어둔 네잎클로버도 지우자
젖은 날 빗질한 머리칼 고웁던 푸른 시대
청동기 동굴 속 벽화로 퇴색한 그 기억은
우리에게 쓸모없는 증오의 주석일 뿐
녹슨 시대 막다른 골목길에서 만난
신생아 탯줄에 떨어져 내리는 생생한 울음소리
바람과 천둥 벼락 치는 황량한 들을 지나
풀잎으로 다시 쓰는 수직하행선
수평이 무너져 내림으로 다시 일어서는
저 하늘을 우러러 젖어 마르고
마르고 젖어 마침내 줄기로 흐르는 승천의 눈물

매화

또르르 말리는 이슬
꽃잎 가마 타고 가네요

어린 내 짝사랑 몰래 피우다 만 속앓이
얼음 속 매화꽃 봉오리

매화 누이 시집가는 날
춘설이 나려 화관 몽두릴 씌어주었어요
하얀 동정에 잔설이 묻어
가녀린 목덜미에 쪽진 비녀
눈물로 꼭 다문 입술

누이 시집가는 날
꽃샘추위만 신이 나네요

지리산에

수많은 꽃 피어나는 야생의
전설이 있습니다

청설모가 연륜을 나뭇가지에 목걸이 걸어 두고
열매를 따 먹는 곡예가 있습니다

가야금 줄 튕기는 줄기줄기 폭포의 가락이 있습니다

피아골 사연을 남기고 간 뻐꾹새의
하소연이 있습니다

내 정한만큼이나 굵은 손가락 마디 째
파아란 하늘, 올려다보고 살아온
죽림竹林 마을이 있습니다

사 랑

처음 다가왔을 때
쩔쩔 끓는 보일러였어요

너무 뜨겁다 싶으면 스스로
동작을 멈춰, 기다리다가
다시 윙윙 스스로 돌아가곤 했지요

얼마나 뜨거워야 다시 식힐까
조마조마했으니까요
내 마음의 보일러 켤 때마다
알맞은 온기, 참 알기 어려웠어요

차가운 당신이 앓을 때
나는 더 신열을 올려 추위를 막고
너무 뜨거워 땀 흘릴 때
내 몸 얼려 그대와 온도를 나누었지요

지금 당신이 내 마음을 꺼뜨리지 않는 한
나는 당신을 영원히 데울 거예요

당신이여! 지금 바로
리모컨을 켜주세요

비에 젖은 편지

봄의 체온이
오늘 내 심장으로 배달되었습니다
추운 마음 촉촉이 적시는
비가 옵니다

당신의 차에 실려 달아공원을
돌던 시절이 영화의 한 장면이 되어
나의 눈앞에 주마등처럼 기억을 누비고 지나갑니다

부디 건강 잃지 마시고
오래 살아만 주세요
이 밤이 다 새도록 소통을 해도
내 마음이 시원하지 않습니다
당신이 마지막 부친 따뜻한 가슴으로
비를 맞습니다

당신을 맞습니다

낙엽이 지다

나무들의 총선이 붙었나 봅니다

하늘이 시퍼렇게 내다보고 있는데
하늘을 속이는 부정표가 쏟아집니다
참관인도 검표인도 없는 선거전
유효표도 쏟아지고 무효표도 쏟아집니다

여당표도 쏟아지고
야당표도 쏟아지고
무소속표도 쏟아집니다
똥 냄새 풍기는 낙엽이 쏟아집니다

저렇게
하늘이 시퍼렇게 내려다보고 있는데

나뭇잎의 선거는 다 떨어지는 걸
미리 알고 찍는

가을이 당선입니다

첫사랑을 그리다

축 늘어진 네 어깨 안쓰러워
한 줌 바람으로 네 곁에 머물고 싶다
연록빛 저고리 품 살랑이며
물오른 네 마음 훔치고 싶다
수양버드나무여

바람 오는 길목 맨 앞에 줄서도
꺾인 적 없고
돌아누운 적도 없는
내 사랑하는 나무여
누가 널 변덕스럽다 했뇨
바람보다 더 너울대며
바람보다 더 푸르게
흘러주는 그 마음씨

나의 사랑 수양버드나무야
허리 나긋한 나무여
나 저승 가면 바람 되어
네 곁에 머물고 싶다

오늘은 모든 생각 다 접고

화선지에 너만 그리고 싶다
살아온 아픈 기억들
네 부드러운 가지 끝에 실어
만고에 흘려보내고 싶다

채석장 산행

파헤쳐 잘려 나간 산의 등뼈
유난히 눈에 잘 들어오는 날
우리가 못할 짓 한 거야 생각다가
어느새 눈시울 뜨거워지네

잘 빗어 넘긴 머리칼
구름으로 헹구던 산정山頂의
그 당당하던 모습 어디로 갔나
오늘은 깎인 산 오르며 나도 깎아내네

산죽이 울창한 샛길을 따라
편한 능선 피해 부러 가파른 길 따라 오르며
나 이제껏 왔던 길 더듬어 보면
엉겨 붙은 칡넝쿨은 잡목 뒤섞여 있고

잠깬 토막 난 꿈처럼 이끼 흉하게 드러나 있는
옹색한 바위틈 구부정한 솔 한 그루 가지 끝에
실 끊긴 연으로 펄럭이고 있을 뿐이네

가을이 저만치 달아나다가
단풍도 곱게 대신 피를 흘리며
깎인 산의 상처
쓰다듬어 주고 있을 때

이제 조금은 알 것도 같네
산이 저만큼 거리를 두고
천천히 돌아오라 손짓하는 까닭

자동반주기

순식간이다, 그대는

성대 절개수술을 당한 불알 까인
얼굴도 없는 내관內官이다
모니터 속의 갇힌 땀내 나지 않는
약보다 수족이 작린 인공두뇌다
모든 노래는
그냥 플러그 인으로 시작된다
칸칸마다 들어 악을 쓰는
아싸 노래방은
세상을 향해 자신을 향해
쉴 새 없이 포성을 울린다
멀티비전에서 흐느적거리는 노랑나비
섹시한 건 음모陰毛에 가려진
잠자리 날개에 펄럭이는 눈알이다
쏙 빠져 떼구르르 구르는 저것
은밀한 표적을 저격한다
'코인을 더 넣어 달라' 팡파르는
현금 점수로 환산되고

벌집마다 붕붕거리는 교성嬌聲으로
그대의 숲속 총성 가득하다
포성이 울리는 마을마다
지천으로 깔린 노랑나비 떼
잠자리 떼 어지럽다
코인이 떨어지면
플러그 아웃으로 사라진다

다솔사多率寺 가는 길

고요한 오솔길
가득 갈앉은 솔 내음 사이
마음 찰랑찰랑 고이는 날

다솔사 들목서 빽빽한 솔숲
비로소 대양루에 이르니
중생들 하나같이 살짝 어깨를 비켜주네

잘 마른 옹이마다 매운 생애가 보이고
패여 깊이조차 모르는
참으로 향기로운 솔숲에 누워
한 천년 잠자고 나서
그대 솔방울 하나 얻어
넉넉히 숲을 이루었구나

범종 소리에 뭇 새들 깃을 치며
그대 품안에 편히 잠드니
나중에 홀로 찾아오는 한 사람 또 있어

속세 내음에 맘껏 취하여
어깨 들먹이며 우는 그댈
솔바람에 잘 다독여주리

뼈아픈 기억이야 무딘 곁가지처럼
좀처럼 드러나지 않게 잘 숨겨놓고
이리저리 떠돌던 나그네도
씩씩하게 숲을 이루게 하리

사 랑

무릎 위에 앉은 발정 난 고양이
행복과 이별을 환승한다

일회용 카메라

눈알 한번 깜박하면 세상 풍경은
어김없이 네 포충망에 들고 말아
꼼짝없이 사로잡힌 시간
단번에 드르륵 말아버리면 그만이지
부르르 떨지도 비명도 지르지 못할 밖에
신통하다
정지되자말자
풍경은 이미 고전古典이 되니
더욱이 네 배짱 한번 알아줄 만하구나
노상 눈감은 채 선승禪僧처럼 침묵하다가
놓치고 싶지 않은 찰나마저 찰깍!
기껏해야 서른 번 눈 깜빡이고
목숨을 버릴망정

오늘만은 그대를 포획하고 싶다

흘러간 LP판

청계천 길바닥에 노숙하던 겨울비가
낡은 LP판 들어볼 요량이다

청승스레 비가 내리는 이런 저녁이야
약장수 무대 한물 간 무명가수처럼
혹은, 섬으로 흘러온 막가는 작부처럼
빈 소주병에 젓가락이라도 꽂아
반 술잔 넘게 서러움도 채워

틀니처럼 헐렁한 기억 속으로
흘러간 뽕짝 가수가 노랠 부른다
낡은 재킷처럼 찢긴 꿈 흘러가고
지그럭거리며 갈라진 목청 뽑아 올리며
얼마나 구성진 노래인가 미처 알기도 전

지글거리며 깨진 소릴 내면서
벗어날 수 없는 원반 안에 갇히어
까칠한 바늘 끝이 날 긁어대며
한정 없는 쳇바퀴를 돌리고 있을 때

그것이 빛나는 노래인 줄로만 알았다

어느새 나는 천천히 낡아가는 LP판
어느덧 청춘도 흘러가 버리고
겨울비 지그럭대며 흐느끼고 있는데
속절없이 후줄근한 코트 깃 세우고
통속적이면 또 어떠랴, 청계천 육교 아래

흘러간 옛 노래에 마음 젖는 날
이미 낡은 LP판처럼 찌그러진 시계탑 아래
내 아버지가 노래하고 있음을
눈치 채지 못하였다

화개에 가면 벚꽃이 보이지 않는다

지고 있다
눈꽃인가, 피는 꽃인가

도통 알 수가 없다
지는 꽃인가, 피는 꽃인가

동시상영을 하는 동네극장처럼
조조할인이라도 하는 모양
아침부터 줄곧 돌려대는 영사기
열이 날 만도 하지만

여기저기서 터지는 팝콘
벚꽃이 보이지 않는다

보이는 건 온통 꽃사태
무얼 하러 오셨는가

홀연히 나타났다 사라지는 폭죽
어안이 벙벙하다

화개 사람은 하냥 이래서
그저 입 꾹 다물고 있지

객지 사람 오거든
뭘 보았다고 말하지 마소

남도南道 수첩

해남 땅 끝에서 보았네
저물녘 풀무질로 시뻘겋게 날이 선
동백꽃이 무리 지어 피고 있는 것을

휘모리장단에 숨넘어가는
칼칼한 육자배기가락에 실리는
홍어찜 징헌 맛은 또 어쩌고

윤고산 옛집 고샅길 어귀마다
해진 토담에 저승꽃 피었는데
삭은 주련 들은 아직도 어부사를 노래하네

붉은 노을이 마지막 가는 길 열어주고 있을 때
생애의 끝자락 말아 올리며
짭조름한 갯내를 등 뒤로 하고
누가 그길 따라 숨어드는가
더 큰문 열기위하여

여기 남도의 끝자락에 서보면
이승과 저승도 하나라는 것을
비로소 알게 된다

그 방房에 들면

바른 대로 불어라
감춘 말 낚아 올리기 위해 눈에 불들을 켠
그 방에 끌려가면
누구나 고양이 앞의 쥐새끼가 되고 만다

각角이 날카롭게 선 벼랑을 사방에 두른 방
쥐 굴 같은 미로에 아가리를 벌리고 있다
도배지에서부터 옆방의 연출된 비명까지
각양각색의 공포가 끊임없이 털갈이를 하고
어둔 복도에서도 음흉한 웃음들이 질퍽거린다
푸른 전기가 흐르는 중이다
적의를 잔뜩 품은 발톱들이 금세 덮질 기세다
욕조에선 물수건을 덮어씌운다. 어금니를 깨문다
이빨이 잇몸을 쥐어짠다
숨이 목젖 끝에 대롱거린다
방은 짐승의 우리가 된다
아득하다. 숨 막히는 공포바다 세상이
너무 멀리 있다는 생각이 못 견디게 슬프다
낮인지 밤인지 분간 못할 형광불빛 아래

짐승이 시키는 대로 반복해서 진술하고
짐승이 시키는 대로 짐승의 역사를 쓴다
겨우 정신이 들면
좁고 긴 통로를 따라 줄줄이 지나가는
무거운 발자국 소리가 들린다
마침내 고춧가루와 물먹은 수건이 악수를 나누며
음산한 신호를 보낸다

그 방에 들면 누구나 짐승이 된다

물의 내력

맨 처음 나는 눈에 띄지 않았다
깊은 산골짜기 옹달샘 근처였을까
깨끗하게 몸을 씻고 풀과 장난치며 더러는 바위에
간지럼을 먹이며 놀고 있었다
햇볕에 몸을 말리기도 하며 한 방울의 이슬처럼

누군가가 날 알아채고 불렀다
금강초롱이라고 자기를 소개한 아이는
아랫마을로 놀러 가자며 내 손을 이끌었다
우리는 계곡이 이끄는 대로 걸어갔다
내려 갈수록 상상 외로 날 기다리는 좋은 친구가 많았다
가문비나무, 굴참나무, 다람쥐, 노루,
말 잠자리, 피라미 등
온 산이 우리들 세상이었다
그들과 땀이 흠뻑 젖도록 공놀이도 하며
술래잡기도 하였다
해질 무렵 우린 목이 말라 골짜기 아래로 쪼르르 내려가
두 손을 오므려 산을 마시고 산이 되었다
우리들 몸속에 산이 가라앉고 있었다

그런데 아래로 내려가면서 난 얼굴에 근심이 드리워졌다
숲속의 친구들이 날 따돌리며 숨기 시작하였다
거울을 보니 내 얼굴은 어느새 지저분해 있었고
검게 타들어가고 있지 않은가
갑자기 고향집이 그리웠다
끝까지 친구로 남은 피라미가 허연 배를 하늘로 향해
둥둥 뜨며 숨을 헐떡이고 있었다
너무 미안하여 할 말이 없었다
난 원래 벙어리로 태어났으니까
그냥 몸짓으로, 하고 싶은 말을 막 해댔다
누구도 알아듣지 못한 것 같았다
수화를 아는 친구가 없으니까

바다가 가까이 보였다
나의 이 더러움도 바다 속으로 파묻고 싶었다
숨어서 나의 행로를 지켜보던 바람이 마침내 모습을
드러내고 내 곁에 와 주었다
바람은 화가 많이 나 있는 것 같았다
시퍼런 입술로 입을 크게 벌리고 바다와 집과 산을
송두리째 흔들며 길길이 날뛰었다
나도 따라 그의 어깨에 올라탔다
무등을 타고 하늘로 치솟았다

어느새 바람이 고요해지며 내게 물었다
"다시 금강초롱이를 만나볼 거야?"
난 이미 하얀 낙하산을 타고
맨 처음 놀던 곳을 찾고 있었다
줄을 조종하여 사뿐히 내려앉으며
난 마음속으로 외쳤다

"초롱아! 노오~ㄹ~자."
"초롱아! 노오~ㄹ~자."

4

절벽에서 웃다

_ 자화상
_ 소나기
_ 설엽 서우승
_ 선술집에서
_ 거미
_ 책을 버렸다
_ 책의 기원
_ 보금자리
_ 비계공 최씨의 일당
_ 고물 자전거
_ 절벽에서 웃다
_ 휘파람
_ 동대천
_ 물의 음악
_ 하늘
_ 장사도에서
_ 진주조개
_ 박꽃
_ 통영 장날
_ 통영에 살면서

자화상

집 없는 달팽이
문 없는 빈집에서
잊음보다 더 적절한 평생을 보낸다

엄동설한에
세상의 온도계는
7~8도로 오르락 내리고

내 나이의 온도계는
79도를 내리고요
아 극한의 겨울철을 맞이한
내 인생

따뜻한 입춘이 오고 있다
모든 파충류도 소생하는 봄기운이 올 것이다

소나기

검은 얼굴로 할퀴는 무서운 속도전
숨 막히는 지하철에서
무수히 쏟아지는 대량생산 콘돔과 대량소비 피임제
그리고 희망으로 포장한 끝없는 절망의 노래
너무 오랫동안 잊고 살았지
무화과 익어 여름 무성한 날
위조지폐로 가꾼 인조정원에서
무뇌아를 낳는 무통분만
점자로 읽는 테크노컬러 시대
출산장면이 인터넷 생중계 되는 어느 한 곳
무너져 내리지 않는 곳 없는 이 땅에
하늘이 먼저 쏟아진다 먼저 젖고 먼저 무너져 내린다
목마른 하늘이 먼저 물길을 낸다
물로 세우는 저 엄청난 힘
힘은 스스로 무너지고 스스로 다시 세운다
푸르른 초목과 산을 온통 뒤엎는 저 엄청난 불기둥
그 동안 너무 메말랐어
소돔의 불기둥

설엽 서우승

막걸리 한 사발에
멍게 한 접시가
생각난다고 하셨지요

안테나에는
채널에는 항상
3.5의 숫자는
불변이라고
말씀하셨지요

그 노-트에는
물소리
바람 소리가
가득합니다

4월이 되면
봄기운처럼
되살아나는
당신이 생각납니다

선술집에서

태평동 허름한 선술집 벽
진로소주 달력 광고 속
비키니 입은 그녀
내 눈에 들어와

달랑 아래위 헝겊 한 장 걸친 채
미끈한 여자 모델, 묘한 눈짓과 포즈로
아랫도릴 슬슬 간지럼 먹이네

술잔 속에 나를 부어놓고
나를 마시기 시작하네

어디서 얼핏 본 듯하고
한 때 사랑을 나눈 적 있을 것도 같은

소금 끼 섞인 비릿한 바람결은
미동도 하지 않은 채
하얀 맨살 적당히 드러내 놓고
노골적으로 술을 권하는
비스듬히 요염하게 앉아
있는 그녀가 기다리고 있는

거미

아찔한 고층빌딩 외줄에 목숨 매달고
유리창을 닦는 인부
하늘빛에 빨려 쬐끄만 점이 된다

이 빌딩에서 저 빌딩으로 옮겨 다니며
줄을 타는 저 곤충만 한 점
일당이란 희미한 불빛을 향해
무작정 뛰어 들어
이마를 찧는 불나비

IMF의 태풍 속
몸과 꿈이 얼어붙은
강제 철거당한 판잣집 터에 나뒹구는
회사 폐업 전단지도 거미줄에 걸려 있다

고층빌딩 위 한 줄의 밥줄이
필사적으로 매달려 있다

책을 버렸다

책 속에 길 있다는 말
책을 버리고 난 뒤에야 비로소
보이는 길 있다
이제까지 길 찾아 허둥대다 여기
책 없는 마을이 얼마나 평화로운지
아침에 일어나 밭 갈고 힘들면 쉬다가
배고프면 강냉이 먹고 들짐승과 더불어
고누도 놀다가 그도 시시할 양이면
산기슭에 종일 들어박혀 산이 우는 소리
산 크는 소리나 들어내다가
어둑할 무렵
각시 젖가슴 더듬듯 더듬더듬
골짜기 내려가 멱을 감다가
시퍼런 소름 돋아 벅찬 환희 번질 때
오!
뻗쳐오르는 빈 둥지 신드롬의 절정이여

책의 기원

갓난아이는 젖 빠는 걸 배우지 않는다
집시는 춤추는 걸
해도 뜨고 지는 걸 배운 적이 없다
그런데 책이 너무 많다
그런데 책이 너무 많다
책이 사람보다 크고 사람보다 무겁다
책이 많을수록 사람들은 불행해진다
책이 클수록 사람들은 작아진다

아주 오랜 옛날에는 책이 없었단다
모든 게 너무 잘 돌아가던 그 시절
누가 하늘의 책을 훔쳐 혼자 보기 시작하였단다
태초에 생긴 대로 제 자리에 빛나던
사람과 뭇 짐승, 초목, 바위, 구름, 무지개……,
모든 걸 이름 지어 가두고 필요할 때마다
조금씩 꺼내어 파먹기 시작하였단다

기억의 창고에 곰팡이가 슬고
자주 도둑이 들기 시작하면서

자신만 아는 암호로 책을 쓰기 시작했단다
칼 만드는 법과 사냥하는 법 등 쓸모없는
기억까지도 음침한 방에 벽화로 그려놓았단다
비로소 기억의 창고에 책들이 산더미처럼 쌓였는데
아뿔싸 어느 날 도굴을 당했단다

이후 은밀하게 책들이 불법으로 거래되고
한 사내가 십자가에 매달려 죽임을 당했단다
그 날 세 사람이 죽었는데
그 중 도둑이었던 사내는
가운데 사내를 모른다고 부정하였단다
사흘 만에 다시 살아난 사내가 걸어 나와
세상의 모든 책 위에 십자가를 세웠단다
지금까지 그 책들은
세상을 훔치는 도둑의 교범이 되어왔단다
책의 높이가 바벨탑보다 더 올라간다면
세상의 불행도 따라 오를까 걱정이라고 한다

보금자리

며칠 전 주인아주머니가 찾아와
둥지를 비워주란다

남은 보증금 돌려받고 나에게 기쁨을 주는 외출
즐거움에 하늘은 더 파랗게 맑고
전선줄 위 두어 마리
텃새가 미팅을 하고 있다

봄이 오면 흥부네 식구처럼
내가 사는 전셋집 처마 끝에
두 마리 암수 제비가 전셋집을
전 전 얻어 살림을 차리고 새끼 몇 마리
낳고 행복하게 살고 있다

창문도 대문도 열어놓고 살다
떠날 때 훌 훌 버리고 갈 수 있게
세간도 미련도 없는 자유
아! 공중에 그네 매어
아파트 분양보다 더 높은 지혜

느닷없이 주인아주머니가 찾아와
둥지를 비워주란다

내 나이만큼 빠르게 터널이 지나간다
천국의 휴대폰도 쉬는 순간이다
경쾌한 멜로디 새소리도 안 들린다

지하방으로 이사 가야 하는데
저 제비집을 어쩌나

비계공 최 씨의 일당

창문 달린 상자 포개 올리던
거미처럼 새까만 비계공 최씨가
아슬아슬한 줄잡고 촘촘히 그물을 치네

위태위태한 발걸음 한 층 한 층 딛고 오르면
철근 무게로 가볍게 휘청거리는 하늘
등 굽고 관절 닳아 삭은 철근처럼 헐거운 몸으로
부실하게 쌓아올려 짓눌려진
납작한 봉투, 일당 사만 칠천 원

지린내 진동하는 밥집에서
모래알 푸석이는 적자로 지은 밥
간장보다 짠 눈물로 간을 맞추어
여남은 이빨로 질기데 일당을 씹고 있네

철삿줄 보다 가는 목숨 아득한 하늘에 매달아 놓고
밑돌 빼다가 윗돌에 얹듯 철골을 올리면
해 질 무렵 서울의 하늘은 무겁기만 하네

현기증 따라 혈압도 오르고
저녁놀에 생애마저 타는 듯
멀리 강물에 떠가고 있네
울컥 치미는 무슨 설움 같은 것도 따라 흐르네

고물 자전거

퍼덕이던 젊은 날들
은빛 페달과 함께 굴러가고
녹슨 갈비뼈와 찢어진 안장
바람 빠져 헐렁한 바퀴만 남았네

지긋이 눈감고
꿈꾸듯 달리던 시절 돌아보니
은륜銀輪에서 나와 포물선 그리며
줄지어 날아오르는 새떼들이 보이네

중심을 못 잡고
기우뚱거리다 넘어지던 때
또 얼마나 많았던가
포장보다 비포장도로가 더 많던
직선보다 자꾸 휘어지기만 하던 길들 구불텅

힘겹게 오르막 오를 때면
내 의지는 언제나 곧고 반반한
길을 내곤 했지

끊어진 길 다시 이어 달리고 싶네
죽기 전 북녘땅 끝까지

절벽에서 웃다

살아야 한다

얼음보다 차갑게 얼어도
주린 창자보다 텅 비어 있어도
아무렇지도 않게

내게 상처 주었던
낯익은 사람들과 스쳐 지나간 인연들
시간의 콘크리트 벽 틈

풀씨 한 알로 자라고 있으니

귀가 순해지는 나이
이제 사방이 막혀 있어도
섬 안에 오롯이 갇혀 있어도

절벽에서 비로소 웃을 수 있으니
인연은 자투리 틈이어라

언젠가 틈은 생기게 마련
종심從心을 향하여 난 길 따라 호젓하게 걸어가는 지금

살아야 한다

휘파람

고층아파트가 다닥다닥 선 단지에 도저히 사람이 다니는 길이라고 볼 수 없는 은밀한 샛길 하나 있지
귀신이 나올라? 생각을 쫓고 그 길 걸으며 문득 올려다본 하늘에 한 가지 생각만으로 쌓아올린 바벨탑, 우러러보다가 에라, 무너져 버려라 무너뜨리려 하늘에 휘파람 크게 쏘아 올렸지 그 휘파람 꾸역꾸역 밀치며 흐르는 하수구 귀찮게 칭얼대는 분뇨수거차량의 딸랑이 소리와 합세하여 지상에서 머물다가 우중충한 도시의 막다른 골목의 한 시인은 말을 잃고 말았지
더 나아갈 수 없는 말, 높다란 붉은 벽 굳게 닫힌 철문 답답하거든 그냥 휘파람이나 휙 불어와 불다가 지치면 그래 도둑고양이가 되는 거야 어슬렁거리며 쏜살같이 높은 담을 타자 하늘이 바로 허공, 빳빳한 수염 아래 있지 수염 한번 쓰윽 훑어 내리자 무너져 내리는 거대한 도미노 요새, 시퍼런 눈깔 한번 끔벅하자 뻑뻑한 샛강물 너울대며 춤을 추지
즐비한 강변 러브호텔 쏟아내는 사랑이라는 거품 허옇게 떠오는 아이들 재잘거리는 소리 아득한 꿈길 따라 꾸벅 졸다 암팡진 암고양이처럼 징한 사랑이나 해볼까

그마저 막다른 골목에서

밤늦게 기다리시던 어머님 잠 못 드실라 또다시 긴-침묵이나 휙 불어봐 휙휙휙-휘이익 시를 유언처럼 노래 불러봐

동대천

모든 목숨은 어질어라

흐르는 대로 마음 내맡기고
어김없이 제 자리에 돌아오는
베링해 찬 바다를 헤엄쳐 돌아오는 연어 떼

목숨은 흐르는 대로 맡겨두고
이제 시간의 절벽도 부드러워지고
흐르는 인연의 물살 따라
그저 그렇게 흐르고 싶어

모천母川이 어디인들
이 흐름 그대로 흘러주기만 한다면
나 또한 기억하지 않으리

저 절벽에서 한 걸음 더 내디뎌본들

참 맑은 물살 좋아라

물의 음악

물은 겸손하게 아래로 아래로
흘러간다
하늘로 승천하기 위하여

봄이 되어 꽃이 피어도
가을이 되어
밤알이 익어 터져도

자연의 풍경을 음색하면서
낮은 곳으로 낮은 곳으로
흘러만 가는 전원 교향곡

겸손한 마음으로
아름다운 음률처럼 흘러간다
내가 가는 이정표는
하늘로 승천하기 위하여

장사도에서

얼마나 기다리면 나비될까?
누에였나요? 잠을 멀리 하고부터
나는 절필이다 그대를 먹어버리지 않으려
반생을 입 꼭 다물고 침묵을 내저었지
서호동 터미널서 1시간 그대를 찾지 않았지

지천명에야 두려운 뱃길……,
지필묵 옆에 끼고 터널을 이룬 동백숲길
어느새 꽃 모가지가 내 아랫도리 속으로
휘감겨 들어와 목구멍 스르르 넘어가 버리는 석양
황혼중독이 동치미 들이키듯 아각아각
전설만 갉아먹고 있지

배밀이 융모로 너울 다린 삼백예순 이파리
다 먹어치우고
이제 마지막 한 뽕잎이 남아 있다
대절선 퍼렇게 기다리는 한산본섬 한켠에 아징아징
매달려 있지

언제 또 목선이 긴 뜰 잠의 하루
초로의 처녀가 내 앞에 상륙할 것인가
나는 한 밤씩 삿되게 너를 깨물어 삼키고
엽록소 진액 비단실 칭칭 감겨 달콤히 자고 나면
언제 또 배가 올지 몰라 초초함은 암이 되고
매일 매일 날줄 씨줄의 파도는 그 서슬의 때깔이 다르지

청마와 정운시비詩碑를, 만나도 못 만난
외로움으로 돌아 나올 때
허물을 벗은 누에가 그 은빛 빛 보심 둘레에 눈물을
싸주는 섬, 명주실 베일에 싸인 해무의 얼굴

만유인력이 비단실에 끌려오고 있다
호기심의 인파가 지남철이지

하 늘

베아뜨리체
눈동자 속에
어린 하늘

그 파란
하늘 속으로

다
이
빙

하고
싶어라

더러운 내 마음을
깨끗이
목욕재계하고 싶어라

진주조개

암 세포의 플랑크톤이 붙어 있는
별모양 뿔 난
돌멩이를 주워 먹고
피투성이가 된 진주조개

밤하늘에 반짝이는
별같은
진주알을 잉태하고 있었다

한 송이 보석 꽃을 키우기 위해

박 꽃

올해도 토담집 담부랑에
박꽃이 오매 마음으로 피었지요

매캐한 생솔가지 내음에
눈살 찡그리던 울 오매 그리워집니더

계절이 바뀌면
바깥담 호박이 주렁주렁 달리고
여울 도랑엔 살얼음 얼고
별당 채 장독의 동치미가 익어 가면

한랭의 겨울 내내 환장할 만치
내 생각이 난다고 안했는기요

오매 속살 같은 박꽃들 땜에
토담집 담부랑이 흔들리겠지요

통영에 살면서

새벽바람 어판장에
등 푸른 멸치 비늘같이 씽씽하게
그냥 산 지 어언 마흔 다섯 해
바다에 가라앉아
오늘도 선창 주막에서 한 잔 술로 달래노니
저 노을도 눈에 익어 목례하네
달아오른 노을이 먼저 술 오르고
어둠이 닻을 내려
나지막이 어항에 슬픔처럼 낮게 깔리면
나도 거기에 술래인 양 숨어들어
멸치 떼가 몰고 오는 바람 소리를 듣는다

통영 장날

엿장수 가위 소리 장이 서면
품바 품바가 몰고 온
장꾼이 모여든다
늙은 소 마냥 되새김질하는 중앙시장 주둥이쯤
아낙네들이 오리 떼 같이 아장아장 맴돌다
군데군데 떡갈잎 같은
통영 사투리가 회오리친다

도심의 봄은
아낙네들의 립스틱이 알아서 표를 낸다
그 입술들이 조잘조잘
팔러 온 산과 바다를 끌러 놓고
전을 벌이면 산채며 어물들도
어느 새 통영 사투리로 파닥인다

도다리 쑥국
뽈래기 회 한 접시 막걸리 한 사발
장날은 흥이 돋을 만큼 돋아
통영 항이 만선이다
통영 사람들은 봉이 김선달
너나없이 바다를 팔아먹고 사니까

서평

바닷가 마을에서의
생로병사와 희로애락

이 승 하
(시인·중앙대 교수)

　통영은 삼도수군통제영이 있던 자리로, 충무공 이순신의 발자취가 곳곳에 있어 역사적인 의미가 크지만, 여러 명의 걸출한 문사들이 그 땅의 영감을 받아 태어난 문향이기도 하다. 통영이 낳은 문인을 들자면 김춘수, 유치환, 유치진, 박경리, 김상옥, 김소운, 김용익…. 누구를 앞세워야 할지, 생몰연대를 따져 줄 세우지 않는 한 그들의 문학적 성과와 업적에 대해 도저히 순위를 매길 수 없을 지경이다. 창작 장르도 시, 소설, 희곡, 수필에 걸쳐 다양하다. 작곡가 윤이상과 화가 전혁림의 고향도 통영이다. 자그마한 바닷가 마을에서 이렇게 많은 예술인이 나온 데에는 그 나름의 이유가 있었을 것이다. 보는 각도에 따라 달라지는 바다빛깔은 다른 곳에서는 볼 수 없는 것이며, 누군가 일부러 흩뿌려 놓은 것 같은 무수한 섬들이 예술가의 영혼을 울렸을 것이다. 게다가 통영은 천혜의 어장이 일찍부터 형성되어 다른 지방에 비해 상대적으로 부촌이었다. 자녀를 대도시나 일본으로 일찍

보내 공부를 시킬 여건이 갖춰져 있었던 것이다. 한 도시에 네 분(김용익, 김춘수, 유치환, 박경리)의 문학관이 있는 것도 통영 한 곳뿐일 것이다. 이곳 통영의 문인협회 회장을 역임했던 박동원 선생도 시인이다. 그러나 박동원 시인의 고향은 통영이 아니다.

목화구름이 피어오른다.
문익점의 붓대롱 속에서

소매 속의 인정을 담아
씨탐 없이 씨앗을 나누고
하늘 쳐다보고 사는 사람들

문익점의 고향은
사월리 106-1번지

마음에 붓대롱 하나씩은
지니고 산다   　　　　　　　　　-「구름의 고향」전문

경상도에서도 벚꽃의 명소로 유명한 진해에서 태어난 시인에게 통영은 제2의 고향인 셈이다. 그래서 통영 하늘에 뭉게구름이 피어오르면 고향 하늘의 목화송이 같은 구름을 떠올리게 되는 것이다.

고려에서는 귀족이나 왕족만이 솜옷과 솜이불을 해 입었으므로 그는 이를 고려로 반입할 뜻을 품게 되었다. 그가 붓대롱에 목화씨를 넣어 밀반입하여 고려인들이 목화 옷을 해 입게 된 것은 유명한 일화다. 시인이 보건대 그 이후 산청사람들은 "소매 속에 인정을 담아/ 씨탐 없이 씨앗을 나누고/ 하늘 쳐다보고 사람들"이 되었다. 이 시는 문익점에 대한 예찬이기도 하고 산청이 낳은 위인에 대한 숭배의 염을 담아 쓴 것이기도 하다. 시인은 고향노래를 사투리로 부르기도 한다.

> 올해도 토담집 담부랑에
> 박꽃이 오매 마음으로 피었지요
>
> 매캐한 생솔가지 내음에
> 눈살 찡그리던 울 오매 그리워집니더
>
> 계절이 바뀌면
> 바깥담 호박이 주렁주렁 달리고
> 여울 도랑엔 살얼음 얼고
> 별당 채 장독의 동치미가 익어가면
>
> 한랭의 겨울 내내 환장할 만치
> 내 생각이 난다고 안했는기요
>
> 오매 속살 같은 박꽃들 땜에
> 토담집 담부랑이 흔들리겠지요 　　－「박꽃」전문

고향 하면 떠오르는 것들이 있다. 바로 토담집 담부랑(담벼락), 생솔가지 태우는 냄새, 바깥담에 주렁주렁 달리는 호박, 장독의 동치미, 박꽃, 그리고 노동의 나날을 보낸 어머니의 속살 같은 것들이다. 이런 모습을 5천 년 동안 지녀온 고향은 농경사회였지만 1970년대부터는 그 모습을 일신하게 된다. '공업입국'의 기치를 내세운 정부의 주도로 우리나라가 수출산업에 박차를 가하면서 농촌은 졸지에 황폐해져 간다. 농민의 다수가 농촌에서는 살 수가 없어 도시로 나오지만 집이 있나, 직업이 있나, 도

시빈민으로 전락하고 만다. 결국 「박꽃」 속의 정겨운 것들은 기억 속에만 남아 있을 뿐이어서 시인은 이것들을 마냥 그리워한다. 지금 고향 진해에 가보면 무엇이 남아 있는가?

> 관절 닳은 고방문도
> 삐거덕 인사하는데
> 반쯤 허물어진 담장을 슬쩍 넘어
> 생각의 한 가지
> 그네를 타네
>
> 그네가 동네 공중을 오를 만큼 오르니
> 어린 시절 공짜로 누비던
> 고샅길도 샅샅이 보이고
> 닭서리하던 구장집도 여전하구나
>
> 그때 순이를 밀어주던
> 그 그네 이젠 다 삭았겠지   −「철부지 바람」 중반부

  인용한 시의 가운데 연은 일종의 환상이다. 물론 그네를 타고 다리에 힘을 주면 고샅길도 샅샅이 보이고 구장집도 여전히 그 자리에 있을 것이다. 하지만 세월은 뽕밭을 푸른 바다로 만든다. 고방문은 완전히 닳았고, 담장은 반쯤 허물어졌으며, 순이를 밀어주던 그네는 삭았다. 하지만 시인은 '철부지 바람'이라 타지에서 산다. 타지에서 살다가 간혹 완행버스를 타고 고향에 가보면 "겸재의 묵향 같은 산수가/ 내 앞에 다가온다"
「어느 오후에」 "기와집이 있는 아담한/ 내 풋시절이 있고/ 논두렁 밭두렁엔 호박이/ 뒹굴어 있는 풍경화도 있"

으나 그 풍경화는 "내 마음속에 묻어둔 추억"일 뿐이다. 시인에게 고향 상실의 아픔이 크겠지만 그 아픔에 침잠한 채 살아갈 수는 없다. 제2의 고향이 된 통영에 미운 정 고운 정이 들어 어느새 통영을 수시로 노래하게 되었다.

> 남빛과 골라 까먹는 괴물이 산다지
> 먹어도 질리지 않는 미더덕 같은
> 놓인 자리 순응하는 굴 껍데기 같은
> 예향 사람들 호국의 얼이 깃들어
> 저 물결, 쪽빛 잡아먹는 괴물과 살아간다지
>
> 하늬바람이 열병식을 하다가
> 심심하면 거북선이 매어져 졸고 있듯
> 점. 점. 점으로 떠 있는 다도해 어슬렁거리다
> 산비탈 따라 해안선 구불구불
> 띠처럼 인가를 이루어 정겹게 살아가는
> 관광객과 어깨동무하며 한식경 노닐다
> 영판 살가운 정으로 넘치는 사람이여
>
> 우리 모두 한 피붙이
> '초롱은 동색'으로 아우르는
>
> 남빛 파도,
> 넘실대는 통영의 괴물이여   -「통영서정」 전문

시인은 이 시에서 통영의 특징을 남빛 파도(색깔), 미더덕과 굴 껍데기(먹거리), 예향과 살가운 정(사람), 호국의 얼과 거북선(역사), 산비탈과 해안선(지형)으로 파악했으므로 거의 빠짐없이 말한 셈이다. 그런데 시인은 왜 통영에 '괴물'이 산다고 했을까? 그놈은 남빛만 골라 까먹고 물결의 쪽빛을 잡아먹으니 미상불 괴물은 괴물이

다. 종국에는 남빛 파도 자체가 넘실대는 통영의 괴물이라고 했다. 평소에는 잔잔한 통영 앞바다가 태풍이 오면 해안선을 넘치며 달려드는 괴물로 변해서 그런 것일 수도 있겠고, 통영에 마흔다섯 해째 살고 있지만 태가 묻힌 고향은 아니어서 완전히 동화되지 않는 데서 오는 것일 수도 있겠다. 그러나 아래의 시를 보면 박동원 시인은 여느 통영사람과 다를 바 없음을 알 수 있다.

> 새벽바람 어판장에
> 등 푸른 멸치 비늘같이 씽씽하게
> 그냥 산 지 어언 마흔다섯 해
> 바다에 가라앉아
> 오늘도 선창 주막에서 한 잔 술로 달래노니
> 저 노을도 눈에 익어 목례하네
> 달아오른 노을이 먼저 술 오르고
> 어둠이 닻을 내려
> 나지막이 어항에 슬픔처럼 낮게 깔리면
> 나도 거기에 술래인 양 숨어들어
> 멸치 떼가 몰고 오는 바람소리를 듣는다.
> － 「통영에 살면서」 전문

통영에서 사는 보통사람들의 일과가 대개 이러한 모양이다. 하루를 등 푸른 멸치 비늘처럼 씽씽하게 시작하고, 일과를 끝낸 뒤에는 선창 주막에서 한 잔 술로 하루의 피로를 달래는 일상의 모습이 담백하게 그려져 있는 시다. 노을이 번지고 있는 통영 선창가의 풍경이 눈앞에 선연히 그려진다.(바다에 깔리는 낙조를 보면서 술 한 잔 하고 싶다.)

도다리 쑥국과

뽈래기 회 한 접시에 막걸리 한 사발이면
장날은 흥이 돋을 만큼 돌아
통영항이 만선(滿船)이다　　　　－「통영 장날」마지막 연

낡은 어선 한 척
머언 수평선 너머
아득하다

뱃길로 남은 눈길 주다 말고
고즈넉한 물때 맞추어
마음속으로 뛰어드는 뱃고동 소리

저문 바다 위
허연 배때기 깔고
누구? 둥둥 떠다니고 있나　　－「망운산에서」종반부

　앞의 시는 통영 장날의 정취를 그린 것이다. 도다리 쑥국과 뽈래기 회와 막걸리가 어우러지면 그야말로 금상첨화이리라. 망운산에서 통영을 내려다보며 떠올린 감회가 뒤의 시를 이루는데 언어로 그린 참으로 아름다운 풍경화가 아닌가. 시가 그림을 이루는 것은 해남 땅끝 마을을 그린 「남도 수첩」, 뱀의 형상을 닮아 '진뱀이섬'이라고도 불리는 장사도에 갔다 온 일정을 그린 「장사도에서」도 있다. 통영의 북쪽 도산면 오륜리에 있는 섬인 가오치 마을의 인심을 그린 「톱질」도 있다. 통영에서 오래 살아보지 않고서는 도저히 쓸 수 없는 시, 그릴 수 없는 멋진 산수화인 것이다.
　시집은 제2부로 가서 주제가 무거워지고 표현은 진중해진다. 시대가 주는 아픔을 본격적으로 다루기 시작하

였기 때문이다.

   정교하게 토막 내기 위하여
   살이 패이도록 칼을 맞는다

   고통 받고 죽어간
   이웃에 대하여
   아무 말도 못하여
   칼을 맞을수록 가슴의 상처 넓고 깊어가며
   비로소 작은 깨침을 얻는다

   누구를 위하여 온몸 바친 적 있는가
   누구랑 살점을 나눈 적 있는가
   살을 주며 사랑한 적 있는가

   아니, 너를 내리친
   칼이 되지는 않았는가?　　　　　－「도마」 후반부

  이 세상의 도마 위에서 얼마나 많은 생선이 칼을 맞았을까. 고등어든 갈치든 어느 한 시절에는 바다를 마음껏 헤엄치며 돌아다니던 생명체였지만 인간의 손에 잡혀 먹잇감이 된다. 이 시에서 도마는 생선을 토막 내는 일에 사용되는 받침에 그치지 않는다. "고통 받고 죽어간/ 이웃"으로 우리는 전태일, 박종철, 이한열, 효순이, 미선이, 김근태……. 용산, 쌍용자동차……. 다른 이름도 떠올리면서 '마지막 칠성판'의 의미를 곰곰이 생각해보게 된다. 시인 자신 시대의 아픔을 외면한 채 살아온 일종의 방관자였음을 자책하면서 네 번씩이나 **뼈**아픈 질문을 해본다. 내 무엇을 위하여 온몸 바친 적이 있는가를. 그들과 아픔을 나눈 적이 있는가를. "살을 주며 사랑한 적 있는가"는 최상의 보시인 육보시이며, 완전한 살신성인 이다. '나 자신이 누구에게 상처를 준 칼이 된 적은 없었을까?' 칼을 맞는 아픔보다 칼이 되는 고통에 무게를 더 둔 마지막 연은 화룡점정이다. 이제 시들은 본격적으로 지난 시대의 고통을 다루면서 참여시의 면모를 띤다.

> 낮인지 밤인지 분간 못할 형광불빛 아래
> 짐승이 시키는 대로 반복해서 진술하고
> 짐승이 시키는 대로 짐승의 역사를 쓴다.
> 겨우 정신이 들면
> 좁고 긴 통로를 따라 줄줄이 지나가는
> 무거운 발자국 소리가 들린다.
> 마침내 고춧가루와 물먹은 수건이 악수를 나누며 음산한 신호를 보낸다.
>
> 그 방에 들면 누구나 짐승이 된다.
> ―「그 방에 들면」 종반부

군사정권 시대 혹은 권위주의 시대에 고문은 항다반사로 행해졌다. 납북어부도 재일교포 유학생도 노동자도 대학교수도 간첩으로 몰릴 수 있는 시대였다. 시국사범이나 사상범, 운동권 출신에게는 고문이 빠짐없이 행해졌고, 시인은 그 고문의 현장을 긴장감 넘치게 표현하였다. 고향 진해와 거주지 통영을 구수하게 묘사하던 시인의 변모가 놀랍다. 사실 위와 같은 시는 발표하기 전에 자기검열이라도 하게 되는데 박동원 시인은 용기도 좋지, "짐승이 시키는 대로 짐승의 역사를 쓴다"고 말한다.

이 시를 쓴 시점이 언제인지는 알 수 없지만 핍박을 각오한 저항의지 없이는 사실상 쓰기 어렵다. 시인은 군사 독재를 휘두르는 과정에서 평화적으로 시위하는 이들에게도 최루탄을 쏘아댄 위정자에게 엄중히 따져 묻는다. 그런 식으로 민주주의의 씨를 짓밟아야 하느냐고.

> 베토벤의 5번 교향곡보다도 더 매운 최루탄 가스를 마시고
> 자동차의 매연 같은 내 심장부를 한 바퀴 돌고 있었고
> 나는 숨찬 기관차의 후두처럼 민주 독감을 앓고 있었다
>
> 윤이상의 '광주는 영원히'보다 더 매운 통곡이다
> 소리꾼 임진택의 '오월의 광주'보다 더 매운 가락이다
>
> 군사 독재자들의 마지막 비탄의 통곡인 너
> ―「최루탄」 부분

사람 몸에 지독히 해로운 최루탄을 매일 수십 톤씩 쏘며 시위 진압을 했던 시절이 있었다. 시인이 구태여 이 시를 쓴 이유는 오늘날 우리가 누리고 있는 이 자유와 평화가 그 시절을 저항하며 보낸 수많은 사람들의 용기와 그에 수반된 고난 때문임을 강조하기 위해서이다. 민주주의는 피를 먹고 자라는 나무라고 누군가가 말하였다. "하늘이 시퍼렇게 내다보고 있는데/ 하늘을 속이는 부정표가 쏟아집니다/ 참관인도 검표인도 없는 선거전/ 유효표도 쏟아지고 무효표도 쏟아집니다"「낙엽이 지다」 같은 시는 1960년의 악명 높은 3·15부정선거를 연상시키지만 오늘날까지도 지역주의에 좌우되고 투표일에 임박할 때면 흑색선전이 난무하는 이 땅의 전근대적인 선

거 행태를 풍자한 시로도 읽힐 수 있다. 시인은 이 땅의 힘든 경제 상황에 대해서도 우려를 표하고 있다.

> IMF의 태풍 속
> 몸과 꿈이 얼어붙은
> 강제 철거당한 판잣집 터에 나뒹구는
> 회사 폐업 전단지도 거미줄에 걸려 있다
>
> 고층빌딩 위 한 줄의 밥줄이
> 필사적으로 매달려 있다 　　　　-「거미」 후반부

> 위태위태한 발걸음 한 층 한 층 딛고 오르면
> 철근 무게로 가볍게 휘청거리는 하늘
> 등 굽고 관절 닳아 삭은 철근처럼 헐거운 몸으로
> 부실하게 쌓아올려 짓눌려진
> 납작한 봉투, 일당 4만7000원
>
> 지린내 진동하는 밥집에서
> 모래알 푸석이는 적자로 지은 밥
> 간장보다 짠 눈물로 간을 맞추어
> 여남은 이빨로 질기데 일당을 씹고 있네
> 　　　　　　　-「비계공 최 씨의 일당」 부분

고층빌딩에 매달려 유리창을 닦고 있는 이는 IMF 때 회사 폐업으로 직장을 잃고 '일당벌이'에 나선 사람이다. 자신의 몸을 지탱하는 줄은 바로 밥줄이며 생명줄이다. 공사장에서 일하는 비계공은 일당 4만7000원을 받는데, 이런 잡역도 매일 있는 것이 아니다. 문제는 그 일 자체도 위험도가 높은데 최 씨는 나이도 많고 혈압도 높아 수시로 현기증이 일어나고, 따라서 더욱더 위험하다는 것에 있다. 게다가 영양분 섭취도 충분하지 않다. 이런

위급한 상황에 내몰린 최 씨의 경우, 산재가 나도 보상받을 길이 막연하다. 딱한 처지에 놓인 비계공 최 씨 같은 사람이 이 땅엔 얼마나 많은 것일까. 시인은 이들이 참 측은한 것이다. 가난한 이웃에 대한 측은지심 혹은 연민의 정이 이번 시집을 빛내고 있다. 시인은 한편 「고물 자전거」를 통해 통일을 꿈꾸기도 하고, 시는 어느덧 인간 생로병사의 비의를 추적하는 제3부로 접어든다.

> 하루에도 몇 번 고장 난 시계를 본다
> 거리에 펴놓고 팔던 천원짜리 싸구려 중국시계
> 저장된 시간도 다 꺼내 먹고
> 편하게 쉬고 있는 그를 바라보며
> 하나씩 고장나기 시작하는
> 나의 몸을 생각한다.
>
> ......
>
> 그 어느 날
> 몇 시 몇 분에
> 나도 저처럼 멈출 것인가 　　　　　 －「황혼녘」 부분

모든 유기체의 종착점은 죽음이다. 문학을 비롯한 모든 예술의 창작 동기는 죽음에 대한 인식에 근거하리라. 박동원 시인도 언젠가는 임종의 순간이 찾아옴을 인식하고 차분한 마음으로 죽음에 대한 명상에 잠긴다. 죽음이란 때가 되면 문득 찾아오지만 그 순간이 오기까지 노화와 질병이 동반되지 않을 수 없고, 그것은 고통이다. 죽음에 대한 인식은 장례식장에 가거나("인생은 빈손으로 왔다가 빈손으로 돌아간다"), 마지막 달력을 넘길 때("남은 한 장의 한 해,/

낮은 포복으로 기어가고") 특히 더욱 절실하게 찾아온다.

>보릿고개에서 넘어지신 아버지! 어머니!
>선산에서 꽃 비빔밥 굶지 말고 드세요
>　　　　　　　　　 -「행복 비빔밥」 끝 연

>누구 신이건 새 것을 신고 달아나고 싶다
>살던 생을 깨끗이 청소하고 저승으로 가야 될 텐데
>새 신을 신고 부유한 아들로 저승에 가고 싶다

>남겨야 할 집도, 작품도 없다
>빚만 가득한 내 월세 방으로
>쫓기듯 야윈 몸을 아직은 이승에 눕힌다
>　　　　　　　　　 -「웃는 사나이」 제3, 4연

　이와 같이 죽음에 대한 인식이 솔직 담백하지만, 오히려 그래서 더욱 가슴을 찡하게 한다. 사람은 상주가 될 수도 있고 문상객이 될 수도 있다. 그러나 때가 되면 아무개의 장례식, 즉 죽음으로써 그 장례식의 주인공이 되는 것이다. 죽음을 한스러워하면 비관론자가 되기 쉬운데, 시인은 생로병사에 대해 비통해 하는 대신 **喜怒哀樂愛惡慾**에 대한 탐색에 나선다.

>눈물보다 영롱한
>당장 가슴에 묻어도
>좋을 만큼 빛나던 그 시절
>
>나 한때 너처럼 그러했지,
>봄날에 기죽어 웅크린 너에게서
>비로소 작은 깨달음 얻었으라　　 -「할미꽃」 종반부

시인은 욕지도에 갔다가 무덤을 하나 보게 되는데 바로 그 무덤가에 할미꽃이 피어 있는 것을 보고 시상을 떠올렸다. 무덤 속에 누워 있는 이가 누구인지는 알 수 없지만 분명한 것은 그에게도 분명히 젊은 날이 있었다는 것이다. 치기만만한 10대도 혈기왕성한 20대도 패기가 하늘을 찌른 30대도 보내고 지금은 뼈다귀가 되어 관 속에 누워 있다. 나 또한 허리 구부린 할미꽃 모양이 될 테지만, 그것을 한탄하고 있으면 무슨 소용 있으랴. 생로병사가 만물의 정해진 이치임을 새삼스레 깨닫는 과정이 이 한 편의 시를 이루었다. 시인은 국화 만발한 가을에 먼저 간 벗 서우승이 좋아하던 들국화주가 생각나 슬픔에 잠기기도 하지만,

매미가 된 그녀가, 이순의 굴뚝에서
첫사랑이, 마지막으로 울고 있다
　　　　　　　　　　　　　－「애벌레의 꿈」마지막 연

먹는 시간도 아낀 채
목숨을 풀어 노래를 읊는
단 며칠만 사랑하다 떠난 너
내 첫사랑의 여인　　　　　－「매미」마지막 연

에서처럼 "이순의 굴뚝에서" 첫사랑을 떠올려보기도 한다. 시인은 왜 죽음에 대한 명상에 잠기면서 수십 년을 동고동락했던 조강지처를 떠올리지 않고 첫사랑의 대상을 생각해보게 된 것일까. 짧게 사랑했고 그것으로 끝이 났기 때문이다. 이루어질 수 없었던 사랑에 대한 아쉬움

때문만은 아닐 것이다. 그 첫사랑이 짧았다는 것, 이루어질 수 없었다는 것이 중요하다. 인간의 일생이 나이 들어 돌이켜보면 일장춘몽이듯이 자꾸만 과거로 돌아가 '가지 않은 길'에 대한 생각을 해보게 되는 것이 인지상정이다. 아니면, 첫사랑을 정말 못 잊어 저승에 가서라도 만나고 싶어하는 것일지도 모른다. "나 저승 가면 바람 되어/ 네 곁에 머물고 싶다/ 오늘은 모든 생각 다 접고// 화선지에 너만 그리고 싶다"(「첫사랑을 그리다」)고 하니, 시인에게 그 대상이 실존인물인지 상상 속의 인물인지 물어보고 싶다. 시인의 인생관과 사생관이 잘 집약되어 있는 시가 있다.

그날을 예감한다

노을이
불가마 속에서

토신제를 지내고
청·노랑·붉은색·검은색·흰색으로
혼신의 작품을 만드네

아름다운 사후를!
준비하네　　　　　　　　　－「도자기」 전문

  늙음을, 병듦을, 죽음을 한탄하고 있으면 한숨과 주름살만 늘 뿐이다. 도공이 도기를 빚어 불가마에 넣고 구워 도자기를 만들 듯이 시인이기에 목숨이 다하는 날까지 열심히 시를 쓰면서 사후를 준비하겠다는 결심을 이 시를 통해 피력하고 있다. 정말 맞는 말이다. 시인인 이상 물

욕이나 명예욕에 연연할 것이 아니라, 도공의 정성을 본받아 시를 쓰면서 '아름다운' 사후를 준비하겠다고 하니, 시인의 이 작품 앞에서 옷깃을 여미고 정좌하게 된다.

지금까지 해설자는 이번 시집에 수록된 75여 편의 시 가운데 반 정도만 다루었을 뿐이다. 언급한 시도 제대로 이해한 것인지 자신할 수 없다. 나머지 시에 대한 이해는 독자의 몫으로 돌린다.

경남 진해가 낳은 박동원 시인이 통영에 마흔다섯 해를 살면서 두 지역을 이렇게 시로써 빛내고 있다. 앞으로 진해의 시인, 통영의 시인 하면 박동원이라는 이름이 추가될 것으로 믿는다. 그러자면 걸어온 길보다 남은 길이 더 험난할 수도 있다. 이 시집은 그런 의미에서 종착역이 아니라, 더 넓은 세계로 나아가기 위해 잠시 멈추었다 다시 떠나야 하는 간이역일 따름이다. 그렇게 되기를 소망하며 주마간산격의 시 읽기를 여기서 접는다.

박동원 시집
구름의 고향

2018년 10월 5일 초판 인쇄
2018년 10월 10일 초판 발행

지은이 / 박동원
발행인 / 강석호

발행처 / 도서출판 교음사
편집 / 수필문학사 출판부

03147 서울 종로구 삼일대로 457 수운회관 1308호
Tel (02) 737-7081, 739-7879(Fax)
e-mail gyoeum@daum.net

등록 / 제300-2007-52호

* 잘못된 책은 바꾸어 드립니다. 값 15,000 원

ISBN 978-89-7814-734-7 03810

이 도서의 국립중앙도서관 출판예정도서목록(CIP)은 서지정보유통지원시스템 홈페이지
(http://seoji.nl.go.kr)와 국가자료공동목록시스템(http://www.nl.go.kr/kolisnet)에서
이용하실 수 있습니다. (CIP제어번호 : CIP2018031092)

후원

 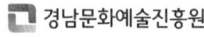 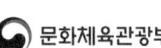

- 이 도서는 경남문화예술진흥원 으로부터 기금 일부를 지원 받아 제작 되었습니다.